AF330017

DANTON

ET

VICTOR HUGO

AUX 100,000 LECTEURS DE « QUATREVINGT-TREIZE »

PAR

UN VIEUX CORDELIER

> « Si l'on ne doit aux morts
> que la vérité, au moins leur
> doit-on la vérité. »

PARIS

CHEZ TOUS LES LIBRAIRES

—

1877

A

M. PIERRE LAFFITTE

Pour ses mémorables conférences à la Bibliothèque populaire de Montrouge, en 1877, sur la Révolution française et sur la politique de Danton.

UN DE SES AUDITEURS

convaincu et reconnaissant.

D'après le *Rappel*, le dernier roman du Maître, Quatrevingt-treize, a obtenu un immense succès populaire (1).

Toutefois, dans les pages émouvantes, dans les fictions brillantes qui ont passionné tant de lecteurs, il existe une tache que peut-être ils n'ont point vue : un des fondateurs de la République, un de ceux qui ont le plus fait pour la France en ces temps périlleux et auxquels la patrie doit d'avoir été sauvée, y est présenté d'une façon que

---

(1) « Le succès de *Quatrevingt-treize* illustré va toujours s'étendant et s'accroissant. On compte en moyenne par jour *deux mille nouveaux acheteurs* des deux séries parues, bien qu'elles aient été déjà tirées à si grand nombre. » — (*Le Rappel* du 11 avril 1876.)

ne peut autoriser la licence poétique et que la morale ne saurait tolérer.

Veut-on rester sous le charme, demeurer complice du plus sanglant outrage qui ait été fait à la Révolution, ou renier la fable et accepter l'histoire?

———

LA FABLE

QUATREVINGT-TREIZE

PAR

VICTOR HUGO

. . . .

« Il y avait rue du Paon un cabaret qu'on appelait café. Ce café avait une arrière-chambre, *aujourd'hui historique*. C'était là que se rencontraient parfois, à peu près secrètement, des hommes tellement puissants et tellement surveillés qu'ils hésitaient à se parler en public...

« Le 28 juin 1793, trois hommes étaient réunis autour d'une table dans cette arrière-chambre...

« Le premier de ces hommes s'appelait Robespierre, le second Danton, le troisième Marat.

« Ils étaient seuls dans cette salle. Il y avait devant Danton *un verre et une bouteille de vin couverte de poussière*, rappelant la chope de bière de Luther, devant Marat une tasse de café, devant Robespierre des papiers. »

Suit une discussion entre les trois personnages, à la fin de laquelle se trouve le passage qui va suivre, où tout offense également la réalité, aussi bien le rôle infligé à Marat, que celui de Danton; car *l'ami du peuple* connaissait, de longue date, le président des Cordeliers, sa fermeté civique, sa probité publique et privée, sa force politique; et s'il avait eu sur lui le moindre soupçon, au lieu de marcher de concert, il l'aurait répudié, dénoncé, ce qu'il n'a jamais fait, ni dû faire (1).

---

(1) Preuve : On lit dans les *Placards de l'Ami du peuple* que vient de publier M. F. Chèvremont, le bibliographe de Marat :

« *Liste des hommes qui ont le mieux mérité de la Patrie* : 1. Robespierre, 2. Danton, 3. Panis, 4. Billaud-Varenne, etc.

« Il suffit de les nommer (dit Marat). Ce sont là de vrais apôtres de la liberté; malheur à vous (ceci s'adresse aux électeurs parisiens), s'ils ne sont pas les premiers objets de vos suffrages. » — *Aux amis de la Patrie*, 30 août 1792.

« Que faire ? Forcer ces ineptes (il s'agit des membres girondins du Conseil exécutif) à la retraite et remettre à des hommes *purs éclairés, courageux*, le timon des affaires. Le département de l'intérieur, si important au salut public, convient mieux à Danton que celui de la justice.....

Constituer Danton président du Conseil exécutif, avec voix

« ...Danton vit ce sourire.

« — Marat, cria-t-il, vous êtes l'homme caché, moi, je suis l'homme du grand air et du grand jour. Je hais la vie reptile. Être cloporte ne me va pas. Vous habitez une cave, moi j'habite la rue. Vous ne communiquez avec personne ; moi, quiconque passe peut me voir et me parler.

---

délibérative et voix prépondérante dans les cas d'équilibre, serait à mes yeux le moyen le plus prompt et le plus efficace de faire marcher la machine, dont toutes les roues sont enrayées. » — *Aux bons Français*, 8 septembre 1792.

Et plus tard, à la fin d'avril 1793, deux mois environ avant sa mort et avant le jour où M. Victor Hugo le met aux prises avec Danton, après la séance où il avait été si violemment attaqué par les Girondins et si fermement défendu par ce dernier, Marat écrivait dans l'*Ami du peuple*, à propos même de cette défense :

« Je regrette de n'avoir pas le temps de rapporter ici le discours de Danton ; j'observerai qu'il est de main de maître et d'autant plus précieux qu'il contient l'engagement solennel qu'a pris Danton de combattre désormais avec un courage indomptable. Or, on doit beaucoup attendre des moyens de ce patriote célèbre, le peuple a les yeux sur lui et l'attend dans le champ d'honneur. »

Quant à l'imputation d'aspirer à la dictature, que les Girondins lançaient contre Danton à la même époque, Marat écrivait encore :

« Il réunit et les talents et l'énergie d'un chef de parti, etc. »

Tout cela contredit absolument la thèse de M. Victor Hugo.

(Note de l'éditeur).

« — *Joli garçon, voulez-vous monter chez moi ?* grommela Marat.

« Et, cessant de sourire, il reprit d'un accent péremptoire :

« — Danton, rendez compte des trente-trois mille écus, argent sonnant, que Montmorin *vous a payés au nom du roi, sous prétexte* de vous indemniser de votre charge de procureur au Châtelet.

« — J'étais du 14 juillet, dit Danton avec hauteur.

« — *Et le garde-meuble ? et les diamants de la couronne ?*

« — J'étais du 6 octobre.

« — Et les vols de votre *alter ego*, Lacroix, en Belgique ?

« — J'étais du 20 juin.

« — Et les prêts faits à la Montansier ?

« — Je poussais le peuple au retour de Varennes.

« — Et la salle de l'Opéra, qu'on bâtit avec de l'argent fourni par vous ?

« — J'ai armé les sections de Paris.

« — Et les 100,000 livres de fonds secrets du ministère de la justice ?

« — J'ai fait le 10 août.

« — Et les deux millions de dépenses secrètes de l'Assemblée *dont vous avez pris le quart ?*

« — J'ai arrêté l'ennemi en marche et j'ai barré le passage aux rois coalisés.

« — *Prostitué !* dit Marat.

« Danton se dressa effrayant.

« — Oui, cria-t-il, *je suis une fille publique, j'ai vendu mon ventre,* mais j'ai sauvé le monde » (1).

Donc, pour M. Hugo, qui n'est pas seulement un poëte mais un homme politique, un des princes de la démocratie, « une de ces individualités qui s'imposent au suffrage universel, qu'appelle la France et que l'Europe attend » (2), — ce qui donne à la fois plus de retentissement et plus de gravité à sa parole, — le patriote *sans peur et sans reproche* qui, depuis la prise de la Bastille jusqu'à la fin de la première guerre de Vendée, du 14 juillet 1789 à la bataille de Savenay, le 3 nivôse an II, ne cessa, pour le salut de la France, de payer de sa personne, de son génie, de son dévouement à la chose publique, n'était qu'un écumeur d'affaires, un coupeur de bourses, un crocheteur de serrures, un pillard, *un prostitué !*..... Et c'est par Danton lui-même que l'auteur des *Châtiments* fait reconnaître et proclamer une telle infâmie , pour mieux convaincre, sans doute, ces milliers de lecteurs, hommes, femmes, enfants, bourgeois et ouvriers, ayant toute foi dans le poëte et jugeant l'histoire d'après le roman !

En vérité, les plus enragés se sont montrés timides, en comparaison de l'homme d'État du *Rappel !*.. Dans

---

(1) *Quatrevingt-treize*, édition illustrée, liv. II, p. 136-151.

(2) Réunions préparatoires de l'élection sénatoriale de Paris, en 1876.

le genre il a laissé derrière lui les Mortimer-Ternaux et les A. Granier de Cassagnac.

Aussi les journaux de la réaction ne se le sont-ils pas fait dire à deux fois pour tirer la moralité du colloque de la rue du Paon :

« — Hypocrisie, couardise (écrit *Le Correspondant* du 25 mars 1874), concussion, friponnerie, trahison, débauche, pactes clandestins avec l'étranger ou avec la cour, toutes les variétés de l'insulte se croisent et s'entre-choquent. Chaque mot ressemble à un précurseur de guillotine. *Danton, Robespierre et Marat sont enfin dans le vrai. Ils ont trouvé un moyen pour que nous soyons de leur avis, en se démontrant les uns aux autres qu'ils cumulent tous les vices avec tous les crimes, et que sous le masque du patriote se dissimule la grimace du traître, du bourreau, du voleur ou du charlatan.* — M. Hugo a beau ajouter : « Ainsi parlaient ces trois hommes formidables, » — le lecteur, renseigné *par eux sur eux-mêmes*, réplique tout bas : « Ainsi parlaient ces trois affreux drôles. »

Le Figaro ajoute : « c'est bien ainsi que nous nous les représentions ! »

Voilà la fable, qu'elle vienne de M. Victor Hugo ou de M. de Pontmartin ; voyons l'histoire.

L'HISTOIRE

SOURCES

A. — *Index bibliographique.*

N. Villiaumé, *Histoire de la Révolution française*, 4 vol. in-8; 1re édition, Paris, 1850. — La dernière, sixième, chez Michel Lévy.

Eugène Despois, *Étude sur la Révolution*, dans la *Revue de Paris*, 1857.

Alfred Bougeart, *Danton, Documents authentiques pour servir à l'histoire de la Révolution française*, 1 vol. in-8, 1861, Paris Lacroix.

A. R. C. de Saint-Albin, *Fragment historique sur Danton*, publié dans la *Critique française*, en mars 1864.

Dr Robinet, *Danton, Mémoire sur sa vie privée*, 1 vol. in-8, 1865, Paris, Chamerot. — *Procès des Dantoniens*, dans la *Politique positive* (Revue occidentale), 1872-73, Paris, E. Leroux. — *Le dix août*, brochure in-8, 1873, Idem.

A. Vermorel, *Œuvres de Danton*, 1 vol. in-12, 1867, Paris, Courniol.

J. F. E. Chardoillet, *Notes de Topino-Lebrun sur le procès de Danton et sur Fouquier-Tinville*, brochure in-8, 1875, Paris, Baudet.

J. Claretie, *Camille Desmoulins, Lucile Desmoulins, Étude sur les Dantonistes*, 1 vol. in-8, 1875, Paris, Plon.

B. — *Pièces authentiques.*

Traité d'office d'avocat aux Conseils entre M. Huet de Paisy et M. Danton.

Quittance par M. Huet de Paisy à M. Danton.

Obligation par M. Danton à M. Charpentier.

Contrat de mariage. — M⁰ Danton et la demoiselle Charpentier.

Reconnaissance définitive de liquidation pour la charge d'avocat aux Conseils du Roi.

Quittance à l'État par M⁰ Danton.

Apposition de scellés chez Danton à la mort de sa première femme.

Inventaire chez Danton, à la suite.

Levée des scellés en la demeure de feu Georges-Jacques Danton, rue des Cordeliers, 24, section du Théâtre-Français.

Tutelle des fils de Danton : deux pièces relatives à la succession de leur père.

Enquête de l'administration des Domaines sur ladite succession : cinq pièces.

Mémoire écrit en 1846 par les deux fils de Danton le Conventionnel, pour détruire les accusations de vénalité portées contre leur père.

Réquisition des commissaires nationaux du pouvoir exécutif de France réunis à Bruxelles (affaire des chariots). — Archives nationales.

Procès-verbal de l'arrestation de trois chariots chargés d'effets précieux et argenterie, etc. — Arch. nation.

Lettre de Dumoulin, commissaire aux saisies dans la Belgique, à Danton, représentant du peuple. — Arch. nation.

Lettre des administrateurs du district de Béthune à Danton. — Arch. nation.

Compte que rendent Danton et Lacroix de leur dépense pendant leur commission dans la Belgique, au Comité des inspecteurs de la salle de la Convention. — Arch. nation. (1)

---

(1) Toutes ces pièces, et d'autres, ont été imprimées dans le Mémoire du D⁰ Robinet.

I

VÉNALITÉ

Jamais Danton ne fut procureur au Châtelet, mais avocat au Parlement, d'abord, puis aux Conseils du Roi.

Jamais Montmorin ne lui remboursa sa charge, qui lui fut payée, après retenue du huitième de son prix pour les recouvrements présumés, 69,031 livres 4 sous, le 8 octobre 1791, par la Caisse de l'extraordinaire, contre sa quittance à l'État, aux termes d'un décret de l'Assemblée constituante du 7 mai 1791 (voilà le prétexte), et d'après liquidation légale et authentique (1).

Jamais Danton ne reçut 33,000 écus, argent sonnant ou non, de la part du roi, parce que jamais la conduite du tribun ne donna lieu à pareille largesse (principalement au 10 août); parce que Louis n'avait pas à ce point d'argent mignon (300,000 francs environ de notre monnaie); parce que trace

---

(1) Voir Villiaumé, Bougeart et surtout Robinet (pièces n°s 5, 6, 7, 8 et 9 du Mémoire), — ici, p. 32 et 33.

quelconque d'une somme pareille n'a pu être re-
trouvée dans les états si exacts de la fortune du
conventionnel ; parce qu'enfin ni Montmorin, ni Ber-
trand-Molleville, ni Lafayette, ni les Roland, ni
Brissot, ni Robespierre, ni ceux qui ont suivi, y
compris M. Victor Hugo, tous en désaccord sur le
détail du fait, n'ont jamais pu fournir, non pas la
preuve, mais le moindre indice de la réalité de cette
corruption, et que l'on n'en trouva non .plus aucun
témoignage ni dans les papiers de l'armoire de fer,
ni dans ceux de l'intendant de la liste civile, etc. (1).

II

LE VOL DU GARDE-MEUBLE.

Que l'on nous pardonne de discuter cet abomi-
nable propos ! — Voici ce qu'en dit M. Louis Blanc
lui-même, cependant si âpre à l'égard de Danton :
« Sur ces entrefaites le bruit courut que les diamants du garde-meuble avaient été volés..... Dans les

----

(1) Villiaumé, Despois, Bougeart et Robinet.

pochés des deux premiers voleurs qu'on arrêta, furent trouvés, entre autres bijoux d'une valeur immense... les pierres précieuses que les Indiens étaient venus offrir en présent à Louis XVI, de la part de Tippo-Saïb.

« Les deux malfaiteurs arrêtés se nommaient Chambon et Douligny. Condamnés à mort, ils obtinrent un sursis *au prix de révélations* qui amenèrent la découverte d'abord de plusieurs cachettes où étaient enfouies des valeurs considérables, et ensuite celle *d'un grand nombre de coupables qui tous furent successivement jugés et exécutés.*

« *Aucun nom politique ne fut compromis dans la procédure. Et cependant, avec leur mauvaise foi ordinaire, les partis adverses cherchèrent à se renvoyer l'un à l'autre la responsabilité de ce crime hardi* » (1).

M. Victor Hugo n'aurait-il pu se contenter de cette démonstration, déjà bien inutile pour ceux qui connaissent quelque peu la nature humaine et l'histoire de la Révolution ?

Mais veut-on savoir quels méprisables commérages ont servi de base à une aussi terrible accusation ? Qu'on lise Mme Roland :

« J'ai reçu ce matin chez moi, dit-elle un jour à son mari, un des voleurs du garde-meuble, qui ve-

---

(1) Louis Blanc, *Histoire de la Révolution française,* (édition française), t. VII, p. 219 et 220.
Bulletin du Tribunal criminel du 10 août.

nait voir s'il n'était pas soupçonné. — Qui donc (répartit Roland)? — Fabre d'Églantine! — Comment sais-tu? — Comment? Un coup si hardi que peut-il être que l'ouvrage de l'audacieux Danton? Je ne sais si jamais *cette vérité* sera mathématiquement prouvée, *mais je la sens vivement* »!! (1).

Tout commentaire serait superflu.

III

LES VOLS DE DANTON ET DE SON *alter ego*, LACROIX, EN BELGIQUE.

L'analyse la plus rigoureuse des documents et des faits dépose encore ici contre toute prévarication des deux conventionnels, et leurs réponses à l'Assemblée et

---

(1) *Mémoires de Mme Roland*, édition C. A. Dauban. Paris, Plon, 1864.

Robinet, dans son livre, fait observer que Bosc, contemporain de l'événement, ami de la dame et son éditeur, avait eu la pudeur de supprimer ce passage inqualifiable dans la première publication des *Mémoires*.

au Tribunal révolutionnaire, *appuyées de tous les témoignages* (1), détruisent absolument cette imputation.

En voici quelques-unes :

DANTON (à la Convention nationale) : « Je somme Cambon, sans personnalité, sans s'écarter de la proposition qui vient d'être décrétée, de s'expliquer sur un fait d'argent, sur 100,000 écus qu'on annonce avoir été remis à Danton et à Lacroix » (2).

LACROIX (ibidem) : « J'ai été accusé d'avoir reçu des sommes considérables pour opérer la réunion de la Belgique et d'avoir dépensé 100,000 écus dans notre mission.

« Qui m'aurait donné ces sommes considérables ? Le Comité des finances ? Je l'interpelle de s'expli-

---

(1) *Rapport des commissaires nommés par la Convention nationale près l'armée de la Belgique, sur l'état de cette armée;* brochure in-8º, janvier 1793.

Rapport des citoyens Delacroix, Gossuin, Danton, Merlin (de Douai), Treilhard, Robert, membres de la Convention nationale et nommés par elle commissaires près l'armée et dans les pays de la Belgique, de Liége, etc. 1 volume in-8º, avril 1793.

Correspondance des représentants en mission. Archives nationales.

Notes de Topino-Lebrun, Archives de la préfecture de police.

Mémoire du Dr Robinet, ch., IV, p. 97.

Danton, par A. Bougeart, ch. VI, p. 204.

(2) Séance de la Convention du 1er avril 1793. *Moniteur*, nº 93, an Ier.

quer. Le Conseil exécutif? Il ne l'aurait pu faire qu'en vertu d'une délibération ; je le défie de la présenter. Le ministre des affaires étrangères? J'ai dans ma main la preuve écrite que je n'ai reçu aucune somme de lui. La Trésorerie nationale? Le payeur de l'armée? Ils ne l'ont pu faire que par mes mandats ; qu'ils les représentent. La vérité est qu'au lieu de 100,000 écus, nous avons dépensé, Danton et moi, 13,800 livres » (1).

Lacroix, au ministre des affaires étrangères :

« Paris, 14 juin 1793, an II de la République.

« Mes détracteurs ont répandu qu'en ma qualité de commissaire envoyé par la Convention nationale dans la Belgique, j'ai reçu de vous une somme de 300,000 livres pour dépenses secrètes de ma mission, et dont je dois rendre compte. Je vous somme, citoyen ministre, de vous expliquer sur ce fait et de déclarer positivement si, oui ou non, j'ai reçu de vous une somme quelconque. J'attends votre réponse. C'est la seule arme que je veuille opposer à mes calomniateurs.

« Votre concitoyen,

« Delacroix » (2).

---

(1) Séance de la Convention du 24 pluviôse. *Moniteur*, n° 154, 4 ventôse an II. — Voir en outre la pièce n° 25 du Mémoire Robinet.

(2) Archives nationales.

RÉPONSE.

Paris, le 14 juin 1793, l'an II de la République.

« Le ministre des affaires étrangères au citoyen Delacroix, député à la Convention nationale.

« Je m'empresse, citoyen, de rendre hommage à la vérité en déclarant que jamais vous n'avez reçu de moi, que jamais vous ne m'avez demandé aucune somme.

« Lebrun » (1).

NOTE ANONYME REMISE A L'ACCUSATEUR PUBLIC LORS DU PROCÈS DE DANTON

« L. et D. (Lacroix et Danton), pendant qu'ils étaient à Bruxelles, envoyèrent en France une voiture chargée de linge appartenant à la Gouvernante des Pays-Bas, et qui valait des sommes considérables d'environ 2 ou 300,000 livres ; le même linge fut enregistré à la commune de Béthune, et c'est de là que l'on sait que ces deux députés se l'étaient approprié. Ce fait est connu particulièrement des deux représentants du peuple les citoyens *Lebas* et *Duquesnoy* » (2).

Lacroix (au Tribunal révolutionnaire) : « A mon arrivée dans la Belgique,... j'ai acheté du linge pour

---

(1) Archives nationales.
(2) Ibidem.

l'usage des représentants du peuple ; je l'avais déposé dans une voiture *qui a été arrêtée à Béthune ; c'était bien constamment une malle de linge dont procès-verbal a été dressé par les officiers municipaux* ». — (*Bulletin du Trib. rév.*, nᵒ 24, 4ᵉ partie.)

Le même (ibidem) : « 1,900 livres et 600 livres de linge acheté par Brune *en présence des collègues* (1), pour la table. Il était à bon marché. Il *dut être chargé sur les voitures qui ramenaient en France les restitution* (sic) *des effets pillés par les généraux.* C'était contenu dans une malle à mon adresse ; je l'ai déclaré alors au Comité de salut... ». — (Notes de Topino-Lebrun, *Archives de la Préfecture de police.*)

Danton (au Tribunal révolutionnaire) : « J'avais défié publiquement d'entrer en explication sur l'imputation des 400,000 livres (2). — Il résulte du procès-verbal (des municipaux de Béthune), qu'il n'y a à moi (dans les voitures arrêtées et inventoriées) *que mes chiffons et un corset de molleton. Lebas,* sommé, m'a donné communication ». — (Notes de Topino-Lebrun. *Archiv. de la Préfect. de police.*)

Les 300,000 livres escroquées à Lebrun par Danton et Lacroix sont donc un impudent mensonge des Girondins ; et *le linge*, etc., « les dépouilles de la

---

(1) Gossuin, Treilhard, Merlin (de Douai), etc., commissaires de la Convention dans la Belgique.

(2) Au club des Jacobins, le 3 décembre 1793.

Belgique » enlevés par eux en 1793 sont une odieuse calomnie des Robespierristes (1).

IV

LES PRÊTS A LA MONTANSIER.

Lacroix : « Je suis accusé d'avoir mis des fonds considérables dans le théâtre de la Montansier.

« Il me suffit de répondre que cette femme a été mise en arrestation pendant que j'étais en mission. Les scellés ont été apposés chez elle, ses papiers ont été visités, la liste des bailleurs de fonds imprimée, et ces faits prouvent assez la fausseté de cette inculpation. Au surplus, je veux être libéral et généreux envers mes détracteurs, je leur abandonne les fonds que j'ai dans cette entreprise, et je déclare renoncer à rien demander au citoyen complaisant qui, à ce qu'on assure, m'a prêté son nom. Je l'invite à faire

---

(1) Voir à cet égard la longue discussion et les pièces produites à l'appui par le Dr Robinet, principalement la lettre du citoyen Dumoulin, commissaire aux saisies, en Belgique, et celle des municipaux de Béthune, à Danton.

usage de ma déclaration ». — (*Moniteur*, nᵒˢ 154
et 157, année 1794; séance de la Convention du
24 pluviôse, an II.)

Pas plus que Lacroix, Danton n'avait mis de fonds
dans l'entreprise de la Montansier. Son nom n'est
point sur la liste des commanditaires, et l'on cherche
encore celui de son fidéi-commis. Ce qui permit au
député Legendre, à la séance de la Convention du
16 ventôse, an III, à propos des réclamations de
Mˡˡᵉ Montansier contre la confiscation dont elle avait
été frappée, de dire, sans provoquer aucune dénéga-
tion : « Chaumette et Hébert ont répandu que Danton
et Lacroix avaient contribué à la construction du
spectacle (de la Montansier); et *il a été prouvé
qu'ils n'y avaient pas fourni un sou* » (1).

D'autre part, aucun indice de ce placement, ou de
celui de l'Opéra, destiné, selon les ennemis du conventionnel, à dissimuler les millions qu'il aurait reçus
de la cour de France et des cours étrangères, ou en
levés au garde-meuble et en Belgique, n'existe dans
les comptes de sa succession.

Sa fortune s'élevait, au 10 octobre 1791, jour où
sa charge d'avocat ès-conseils lui fut remboursée, à
la somme *minima* de 90,000 francs, libre de toute
opposition, ou sans aucune dette.

A sa mort, après avoir exercé des fonctions pu-

---

(1) *Moniteur universel.*

bliques de la plus haute importance et après avoir eu entre les mains les trésors de deux nations, il laissa cette même fortune, sans l'avoir accrue et sans en avoir dissipé ou dissimulé aucune partie.

Ce dernier point est établi par les actes notariés, judiciaires et administratifs qu'a publiés le Dr Robinet.

L'enquête faite par l'administration des domaines à la mort de Danton, notamment, prouve que l'on ne put rien trouver dans sa succession d'étranger à son avoir de 1791.

Quelle situation d'homme politique, dans le présent ou dans le passé, peut donc se liquider plus nettement, plus honorablement? Et ce fait, quand il serait le seul, ne répond-il pas à toutes les calomnies?

V

CONCUSSIONS

Les 100,000 livres de fonds secrets du ministère de la justice? — Les 500,000 francs de fonds secrets de l'Assemblée législative?

CONVENTION NATIONALE (Séance du 10 octobre 1792) :

CAMBON : Le Corps législatif avait cru nécessaire de mettre ces 2 millions à la disposition du Conseil exécutif (loi du 2 août 1792) ; mais d'après le compte-rendu du ministre des affaires étrangères, qui vous a annoncé que sur les 6 millions accordés à son département, pour dépenses secrètes, il restait 3,900,000 livres, j'aurais cru que le Conseil exécutif n'aurait pas demandé 1 million pour ses dépenses secrètes..... Pour éclairer l'Assemblée, il ne sera pas inutile de lui rendre compte de l'emploi de ces 2 millions. Le Conseil exécutif les avait reçus *pour les employer en masse.* Mais, par un arrêté subséquent, cette somme a été divisée entre cinq ministres *par portions égales de 400,000 livres.* Il n'a rien été distribué au ministre des affaires étrangères, parce qu'on a cru suffisants les fonds qui lui restaient..... J'ai voulu savoir si ces 2 millions étaient dépensés. J'ai trouvé que le ministre de la justice (Danton) avait dépensé presque ses 400,000 livres ; le ministre des contributions 20,000 livres, dont 5,000 pour dépenses secrètes. Le ministre de l'intérieur n'a rien dépensé pour dépenses secrètes, et 23,000 livres pour dépenses extraordinaires. Le ministre de la marine n'a rien dépensé. En joignant à ces dépenses celles du ministre de la guerre, ces dépenses se montent à 408,482 livres.

« Je propose de rapporter le décret qui met les 2 millions à la disposition du Conseil exécutif, et que les ministres soient tenus de compter même de leurs dépenses secrètes ». — (*Moniteur*, n° 285, an Ier de la République).

Or, pour que Cambon ait pu donner à l'Assemblée, le 10 octobre 1792, l'état de dépenses qui précède, il fallait, de toute nécessité, qu'antérieurement, chaque ministre, Danton comme les autres, lui eût fourni le chiffre exact de ses dépenses particulières, ou, autrement dit, qu'il lui eût remis ses comptes, sauf le détail des dépenses secrètes, qu'il était légalement tenu de réserver.

Danton répondit :

« Je n'ai rien à objecter au système de comptabilité présenté par Cambon. Ce n'est pas d'aujourd'hui qu'il exerce avec succès la place de contrôleur-général de la République. *Mais, ce qu'il demande a été fait par le Conseil exécutif. En mon particulier, je dois déclarer que j'ai été autant l'adjudant du ministre de la guerre que ministre de la justice* (1). S'il a paru

---

(1) On peut se faire une idée de l'énergie et de l'étendue de l'action politique de Danton à ce moment, de sa prépondérance dans le Conseil exécutif ou dans le gouvernement, en rapprochant de cette déclaration si importante et en même temps si modeste, ce fait décisif, que, tandis que ses collègues n'avaient rien ou presque rien dépensé sur les 400,000 livres qui leur avaient été allouées, après le 10 août, pour l'établissement de la République, Danton, au contraire, avait presque entière-

étonnant que le ministre de la justice ait employé 200,000 livres en dépenses secrètes, et près de 200,000 livres en dépenses extraordinaires, qu'on se rappelle que la patrie était en péril, que nous étions responsables de la liberté. *Nous avons rendu nos comptes. J'ai rendu le mien particulièrement.* Je crois n'avoir mérité aucun reproche dans ma conduite politique. J'appuie, au surplus, la proposition de Cambon ». — (*Moniteur,* n° 285, l'an Ier de la République.)

CONVENTION NATIONALE (Séance du 18 octobre 1792) :

« REBECQUI. Je demande que tous les ministres rendent compte comme Roland (On applaudit).

« MONGE, ministre de la marine : Je déclare que je n'ai fait aucune dépense extraordinaire ou secrète.

« DANTON. Je l'ai déjà dit à l'Assemblée, je n'ai rien fait que par ordre du Conseil pendant mon ministère, et le Conseil a pensé que, d'après le décret de l'Assemblée législative, *il n'était comptable qu'en masse;* d'ailleurs, il est telle dépense qu'on ne peut pas énoncer ici ; il est tel émissaire qu'il serait impolitique et injuste de faire connaître ; il est telle mission révolutionnaire que la liberté approuve et

---

ment épuisé son crédit, à l'intérieur et pour les soins de la défense nationale, dont il fut le moteur réel.

(Note de l'éditeur).

qui occasionne de grands sacrifices d'argent (On applaudit). Lorsque l'ennemi s'empara de Verdun, lorsque la consternation se répandit même parmi les meilleurs et les plus courageux citoyens, l'Assemblée législative nous dit : N'épargnez rien, prodiguez l'argent, s'il le faut, pour ranimer la confiance et donner l'impulsion à la France entière. Nous l'avons fait, nous avons été forcés à des dépenses extraordinaires ; et pour la plupart de ces dépenses, j'avoue que nous n'avons point de quittances bien légales. Tout était pressé, tout s'est fait avec précipitation : vous avez voulu que les ministres agissent tous ensemble, nous l'avons fait et voilà notre compte (Murmures). On a dû attacher une confiance morale à ceux qui ont été choisis pour faire la révolution ; et il serait bien pénible, bien flétrissant pour des ministres patriotes, de les forcer à remettre toutes les pièces qui constatent ces opérations extraordinaires.

« Il est vrai que Roland n'a point assisté *au compte que les ministres se sont rendus mutuellement,* mais il pouvait y assister. J'observerai, en finissant, que si le Conseil avait dépensé 10 millions de plus, il ne serait pas sorti un seul ennemi de la terre qu'ils avaient envahie. Au reste, je vous prie de ne rien prononcer *qu'autant que les ministres vous auront rendu compte collectivement de ce qu'ils ont fait ensemble* (1).

---

(1) Il ne s'agit ici, bien entendu, que des dépenses secrètes et extraordinaires du Conseil exécutif. Quant

« CAMBON : Quelque rigide que doive être notre surveillance, nous ne pouvons cependant pas faire ce que la loi ne prescrit pas. Il ne faut point, pour des dépenses secrètes, demander un compte public. Ces dépenses sont sujettes à un mode particulier de comptabilité.

« Je sais bien qu'à l'avenir toute dépense secrète doit disparaître de la comptabilité d'un gouvernement libre et populaire ; mais enfin elles existent encore, et Roland devait assister au Conseil pour en recevoir le compte avec ses autres collègues. La nation l'a nommé son agent pour surveiller l'emploi de ses fonds, et pour lui garantir que l'on ne s'en est servi que pour le bien et le salut de l'État. Ainsi, *que le ministre Roland se fasse présenter les comptes de ses collègues*, qu'il leur rende le sien, *qu'ensuite il vienne vous assurer que ces comptes sont en règle*, et il aura rempli son devoir. » — (*Moniteur*, n° 294, 20 octobre 1792).

DANTON (au Tribunal révolutionnaire) : « J'eus 400,000 francs sur les 2 millions pour faire la Ré-

---

aux comptes-courants de son ministère, Danton *les établit et les déposa à l'Assemblée* lorsqu'il lui remit le portefeuille de la Justice avec les sceaux de l'État et les masses de la Chancellerie. En même temps il recommandait à la Convention le Tribunal criminel établi par la loi du 10 août, dont les traitements étaient disproportionnés au travail effectif qu'il accomplissait. — (*Moniteur*, n° 281, 7 octobre 1792).

volution. 200,000 livres pour choses secrètes. J'ai dépensé *devant Marat et Robespierre* pour tous les commissaires des départements. J'ai donné 6,000 livres à Billaud pour aller à l'armée. Les autres 200,000 : j'ai donné ma comptabilité de 130,000, et le reste je l'ai remis » (1). — (*Notes de Topino-Lebrun,* Archives de la préfecture de police).

Le même (Ibidem) *: « Je n'ai dépensé, à bureau ouvert, que 200,000 livres ; ces fonds ont été les leviers avec lesquels j'ai électrisé les départements. J'ai donné 6,000 livres à Billaud-Varenne et m'en suis rapporté à lui ». — (*Bulletin du Tribunal révolutionnaire,* 4e partie, no 22, p. 88).*

« Le témoin Cambon déclare avoir connaissance qu'il a été donné 400,000 livres à Danton pour dépenses secrètes et autres, et qu'il a remis 130,000 livres en numéraire ». — (*Bulletin du Tribunal révolutionnaire*).

Ainsi, Danton reçut 400,000 livres en août 1792, sur le crédit extraordinaire voté par l'Assemblée pour la révolution : dont 200,000 pour dépenses secrètes, et qui ne l'obligeaient à aucun compte public.

Sur cette somme, il distribua *devant Marat et Ro-*

---

(1) Tout était en règle, certainement, puisque Roland ne vint point protester à l'Assemblée, et qu'aucun des autres collègues de Danton au Conseil exécutif ne contredit ses dires et ne se sépara de lui sur cette question de comptabilité.   (*Note de l'éditeur*).

bespierre 194,000 livres aux commissaires envoyés dans les départements pour installer la République, et 6,000 livres à Billaud-Varenne pour sa mission en Champagne ; ce qui fait bien 200,000 francs.

Quant aux 200,000 autres livres, il déposa un compte de 130,000, et remit le reste, c'est-à-dire 70,000, au Trésor public.

Est-ce clair ?

VI

CONCLUSION

Que restait-il donc, en 1865, des accusations élevées contre Danton ?

Rien, *absolument rien !* aussi, depuis, les rectifications et les rétractations, malgré l'amour-propre et l'esprit de parti, n'avaient pas manqué.

« Tel était l'esprit de système, dit Michelet dans la préface de sa deuxième édition de l'*Histoire de la Révolution française* (1868), que nos Robespierristes mettaient la Montagne même en jugement. Ils poursuivaient Danton. Villiaumé, Esquiros (dans son livre éloquent) le défendirent, et les actes encore mieux.

Publiés récemment par Bougeart, Robinet, *ils le couvrent aujourd'hui, absolvent sa grande mémoire.* »

Et M. Louis Combes (1) : « ... Nous ne pouvons, après examen, accepter comme des motifs sérieux de conviction les quelques phrases diffamatoires de Lafayette, de Mirabeau et de Bertrand de Molleville, qui ne sont appuyées d'aucune pièce (on n'en a jamais trouvé le moindre vestige) ; et nous trouvons, au contraire, très-solides et très-convaincantes les démonstrations de MM. Bougeart, Robinet, Despois, Villiaumé, *qui sont basées sur une masse considérable de pièces authentiques* et de probabilités morales d'une incontestable valeur. »

Enfin M. Georges Avenel, l'historien des Hébertistes, si antipathique aux Dantonistes : « Non, Danton ne fut jamais vendu à la Cour, ni ne servit jamais la politique de Mirabeau ; non, il ne fut pas concussionnaire dans ses missions en Belgique ; non, il ne conspira jamais contre la nation avec Dumouriez. Quant à ses rapports avec la Reine, c'est là une chose qu'on ne réfute qu'en levant les épaules avec dégoût » (2).

---

(1) *Histoire populaire des révolutions françaises et des insurrections et complots depuis 1789 jusqu'à nos jours*, t. Ier, Madre, Paris, 1873.

(2) *Lundis révolutionnaires*, par G. Avenel, 1 vol. in-8°, chez E. Leroux, Paris, 1875.

L'article, dirigé contre Danton et contre le Dr Robinet, a paru d'abord dans la *République française* du 25 septembre 1873.

Et c'est à ce moment, après tant de lumière faite, après que l'histoire avait été fixée, lorsqu'il avait devant lui l'exemple des patriotiques auteurs de nos *Romans nationaux* (1), que M. Victor Hugo, au mépris de l'autorité acquise par tant de travaux et de témoignages, vient reprendre les turpitudes prodiguées à Danton par les haines de partis, et fait le grand patriote *se glorifier lui-même* de toutes ces faussetés, de toutes ces souillures : — « Je suis une fille publique ! j'ai vendu mon ventre... » — Voilà ce qu'il entend par éclairer le peuple, pratiquer la justice, respecter la personnalité humaine, honorer la Révolution, être le serviteur du droit et l'esclave du devoir.

Au Tribunal révolutionnaire, défendant sa mémoire et non sa vie, Danton s'écriait :

« Jamais l'ambition ni la cupidité n'eurent de puissance sur moi ; jamais elles ne dirigèrent mes actions ;

---

(1) *Histoire d'un paysan*, par Erckmann-Chatrian ; Hetzel, Paris, 1868.

Dans cette robuste et saine épopée, la justice la plus respectueuse et la plus éclairée est rendue au chef de la défense nationale en 1792 et 1793.

MM. Erckmann et Chatrian connaissent trop la nature humaine pour aller inventer que le plus grand patriote ait pu être en même temps le plus abject scélérat, et ils savent assez l'histoire de leur pays pour être assurés que la grandeur politique de Danton repose sur une complète et indiscutable honnêteté.

jamais ces passions ne me firent compromettre la chose publique : tout entier à ma patrie, je lui ai fait le généreux sacrifice de toute mon existence. »

Et il ajoutait :

« Et toi, Saint-Just, tu répondras à la postérité de la diffamation lancée contre le meilleur ami du peuple, contre son plus ardent défenseur !... En parcourant cette liste d'horreurs (le rapport, l'acte d'accusation), *je sens toute mon existence frémir !* »

L'histoire lui a donné raison.

Donc, plus de fable ! qu'elle vienne de M. Victor Hugo ou de M. de Pontmartin.

DIRECTION GÉNÉRALE DE LIQUIDATION (1)

RECONNAISSANCE DÉFINITIVE

DE LIQUIDATION

*Offices de judicature. — Décret particulier de liqui-
dation du 29 septembre 1791. — Date du procès-
verbal de liquidation, 27 septembre 1791.*

N° 25.

Nous, Louis-César-Alexandre Dufresne Saint-
Léon, commissaire du Roi, directeur général de la
liquidation ;

Attendu la remise à nous faite des titres origi-
naux et pièces suffisantes concernant l'office d'avocat

---

(1) L'original de cette pièce, qui établit comment
Danton fut remboursé de sa charge d'avocat aux Conseils du Roi, se trouve aux Archives de la Direction
générale de l'Enregistrement et des Domaines, à Paris.

ès conseils du Roi, dont était titulaire et dernier
pourvu le sieur Georges-Jacques Danton ;

Ledit office liquidé en principal et accessoires par
votre procès-verbal du 27 septembre dernier, sur
lequel est intervenu décret de l'Assemblée nationale,
en date du 29 dudit mois, sanctionné par le Roi le
2 octobre présent mois, à la somme de 69,031 livres
4 sols ;

Et en échange de la quittance de remboursement
de ladite somme, passée devant Mᵉ Dosfant, qui en
a la minute, et son confrère, notaires à Paris, le
8 octobre présent mois, à nous aussi remise avec
un certificat constatant qu'il n'y a point d'opposition
audit remboursement, délivré par le conservateur
des finances et garde des rôles, y réunis, en date
du 10 dudit mois d'octobre :

Avons délivré audit sieur Danton, représenté par
sieur Antoine-Philippe Riollet, son fondé de pro-
curation, la présente reconnaissance définitive de
finance de ladite somme de 69,031 livres 4 sols, qui
sera payée à la caisse de l'Extraordinaire, sur le
mandat de l'administrateur provisoire de ladite
caisse, avec les intérêts de ladite somme à compter
du 20 avril dernier, jour de la remise complète des
titres, ainsi qu'ils sont accordés par l'article IV du
décret du 30 octobre 1790, sanctionné le 5 novembre
suivant, lesquels doivent cesser conformément au
décret du 6 mars dernier, sanctionné le 20.

Fait à Paris, le 11 octobre 1791.

PARIS. — Typ. Ch. Unsinger, rue du Bac, 83.

MARAT

INDEX

du Bibliophile et de l'Amateur de peintures,
gravures, etc.

PAR

F. CHEVREMONT
le bibliographe de Marat

1 beau volume in-8 de plus de 600 pages.
Chez l'auteur, 56, avenue de Clichy, Paris, 1876.

Prix : 25 francs.

PLACARDS

DE

MARAT

L'AMI DU PEUPLE

PAR

F. CHEVREMONT
le bibliographe de Marat.

Brochure in-8, chez l'auteur. — Paris.
1877

Paris. — Typ. Ch. Unsinger, rue du Bac, 83.